ORIGAMI kinderleicht

ORIGAMI kinderleicht

35 einfache Projekte, Schritt für Schritt erklärt

MARI ONO UND ROSHIN ONO

christophorus

Erstveröffentlichung in Großbritannien, 2008,
unter dem Titel „Origami for Children", bei CICO Books,
ein Imprint von Ryland Peters & Small Ltd,
20–21 Jockey's Fields
London WC1R 4BW

Redaktion: Robin Gurdon
Design: Claire Legemah
Stepp-Fotografie: Debbie Patterson
Fotografie: Carolyn Barber
Styling: Rose Hammick

3. Auflage 2011

Rechte der deutschen Ausgabe:
© 2010 Christophorus Verlag GmbH & Co. KG, Freiburg
ISBN 978-3-8388-3238-8
Art.-Nr. CV3238

Übersetzung: Wiebke Krabbe
Satz: GrafikwerkFreiburg

Printed in China

Inhalt

LIEBE ELTERN!

Origami, die Kunst des Papierfaltens, hat als spielerische Beschäftigung für Kinder in Japan eine lange Tradition. Ob sie es von Eltern und Großeltern oder im Kindergarten lernen: Fast alle Kinder begeistern sich schnell für die uralte, faszinierende Technik des Origami.

In diesem Buch präsentieren wir klassische Origami-Figuren, gefaltet aus japanischem Origami-Papier mit klassischen *chiyogami*-Motiven und modernen Mustern. Obwohl Origami viele 100 Jahre alt ist, werden bis heute immer wieder neue Faltfiguren und Papiere entwickelt. In diesem Buch lernen Sie neben traditionellen Techniken auch ganz aktuelle kennen.

Einige Falttechniken werden Ihren Kindern vielleicht schwer fallen, aber das geht schnell vorbei. Sie werden bald feststellen, dass dieselben Techniken bei verschiedenen Figuren zum Einsatz kommen, und dass vermeintlich schwierige Faltungen eigentlich nur Kombinationen einfacher Grundtechniken sind.

In meinem Origami-Kurs für Kinder staunten die kleinen Teilnehmer über die Figuren, die sich wie durch Zauberei entwickeln. Auch die Eltern waren begeistert, denn im Gegensatz zu elektronischen Spielen fördert Origami die Konzentration und schenkt den Kindern das Erfolgserlebnis eines selbst geschaffenen Produkts.

Praktisch ist, dass Sie Origami fast überall ausüben können. Sie brauchen nur ein Stück Papier und eine ebene Unterlage. Obendrein ist es einfach entspannend, aus einem einfachen Blatt Papier einen Ballon, ein Tier oder ein Flugzeug entstehen zu lassen.

In diesem Buch zeige ich eine Reihe von traditionellen japanischen Faltfiguren zum Spielen, außerdem Originelles und Nützliches für Kinderfeste und eine Reihe von moderneren Figuren, darunter ein Zebra, eine Giraffe sowie Torten und andere Köstlichkeiten aus Papier. Jungen werden an den Booten, Flugzeugen und Raketen sicherlich ihre Freude haben.

Aber nun genug der Worte. Erleben Sie selbst, wie spannend Origami ist.

PAPIER

Das japanische Wort Origami hat zwei Bedeutungen. Es bezeichnet die Kunst, Figuren und Objekte zu falten, aber auch die quadratischen Papierbögen, die man dafür benutzt. ‚Falten' heißt auf Japanisch *ori*, ‚Papier' lässt sich mit *kami* übersetzen. Zusammengesetzt ergibt sich das Wort *origami* – also jedes Papier, das man falten kann.

Tatsächlich kannst du fast jedes Papier falten, auch Druckerpapier oder Geschenkpapier. Nur Seidenpapier ist nicht steif genug. Spezielles Origami-Papier gibt es in gut sortierten Papier- und Bastelgeschäften zu kaufen. Hier siehst du einige Papiere, die ich in diesem Buch verwendet habe, aus der Nähe.

Rechts: Diese sechs Muster sind Beispiele für *chiyogami*-Papier, das in Holzdruck-Technik mit bunten Farben bedruckt wird. Die schönen *chiyogami*-Muster entstanden um 1700 in der damaligen japanischen Hauptstadt Kyoto. Früher konnten sich nur Wohlhabende das edle Papier leisten, heute wird es wegen seiner Qualität und Schönheit in aller Welt geschätzt. Für den Samurai-Helm (*Kabuto*, Seite 30) und die bunte Schachtel (*San-pou*, Seite 83) habe ich modernes *chiyogami*-Papier verwendet.

Links: Mit moderner Drucktechnik lassen sich heute alle erdenklichen Muster auf Origami-Papier drucken. Besonders berühmt sind die niedlichen, farbenfrohen Blumenmuster, die an das Papier aus alter Zeit erinnern. Blumenpapier, das es in zahllosen Mustern und Farbkombinationen gibt, habe ich für viele Figuren verwendet, darunter das Haus (*Ie*, Seite 20) und die Untersetzer (*Cop-shiki*, Seite 89).

Rechts: Es gibt auch ganz modernes *Origami*-Papier. Diese Papiere mit Streifen und geometrischen Mustern in weichen Farbverläufen tragen den Namen ‚Harmonie-Origami'. Sie beleben die traditionelle Faltkunst neu und geben ihr ein zeitgemäßes Gesicht. Papier mit Farbverlauf habe ich beispielsweise für den Stern (*Hoshi*, Seite 37) und das Flugzeug (*Hikouki*, Seite 118) verwendet.

Gegenüber: Einfaches Papier ist oft besonders hübsch. Für mehrere gleichartige Figuren kann man auch dasselbe Muster in verschiedenen Farbstellungen verarbeiten. Aus solchem Papier habe ich das Blumenkörbchen (*Hana-Kago*, Seite 95) gefaltet – und gleich noch ein paar mehr in gleicher Form, aber unterschiedlichen Farben.

TIPPS ZUM FALTEN

1. Am besten faltet es sich auf einem Tisch.

2. Damit die Figuren sauber aussehen, falte Ecken und Spitzen ganz exakt.

3. Scharf kniffen, damit die Figuren ihre Form halten und ordentlich aussehen.

PFEILE

Falten
Falte den Teil des Papiers in die gezeigte Richtung.

Faltrichtung
Falte das ganze Papier in der gezeigten Richtung.

Öffnen
Breite das Papier aus und falte es wieder, wie die Pfeile anzeigen.

Vierteldrehung
Drehe das Papier um 90° in Pfeilrichtung.

Halbe Drehung
Drehe das Papier um 180°.

Wenden
Die Oberseite nach unten drehen.

Kniffen
Falte das Papier, wie die Pfeile zeigen, und öffne es dann wieder.

  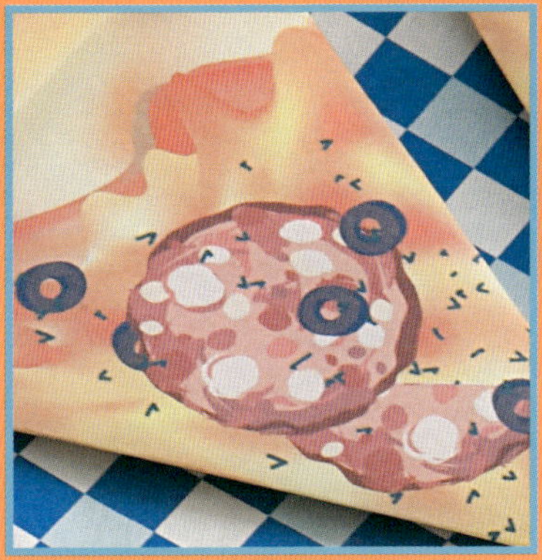 

DIE Projekte

1 FUSEN BALLON

Schwierigkeitsgrad ●●○

Dies ist eine faszinierende, traditionelle Origami-Figur. Aus einem glatten Stück Papier wird mit ein paar Kniffen und einem kräftigen Atemzug ein dreidimensionaler Ballon. So macht Origami Spaß: Einfach zu falten, und mit Papier in verschiedenen Farben, Mustern und Größen immer wieder ein spannendes Erlebnis.

Du brauchst
1 Blatt Papier, 25 x 25 cm

1 Falte das Papier zur Hälfte, die bunte Seite liegt außen. Drehe es um 90° und falte es noch einmal zur Hälfte.

2 Öffne die obere Tasche wie ein Dreieck und drücke sie flach.

3 Wende das Papier. Hebe die eckige Klappe an, sodass sie sich zum Dreieck formen und glatt streichen lässt, wie im vorigen Schritt.

4 Drehe das Papier so, dass die Spitze von dir weg zeigt. Falte zuerst die linke Ecke zur oberen Spitze, dann die rechte Ecke.

5 Wenden und wieder die beiden Ecken zur oberen Spitze falten. Du hast nun ein Quadrat, das auf der Spitze steht.

6 Drehe das Papier um 90°. Falte die obere und untere Spitze so, dass sie sich in der Mitte treffen.

7 Wende das Papier und wiederhole Schritt 6 auf dieser Seite.

8 Falte die unteren Spitzen der oberen Lage zur Mitte. Die Faltkanten sollen am Mitteldreieck liegen.

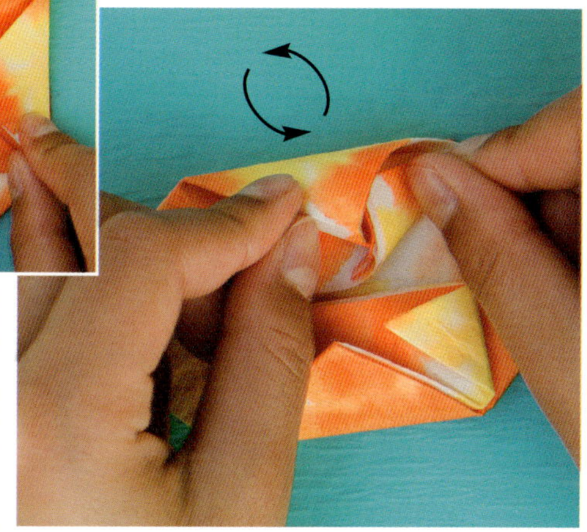

9 Drehe das Papier um 90°. Drücke die Tasche in der Mitte behutsam auseinander und stecke die dreieckige Klappe, die gerade entstanden ist, hinein.

10 Auf der anderen Seite wiederholen, dann das Papier umdrehen und auf der anderen Seite wiederholen.

11 Hebe die untere Spitze an und streiche den Kniff kräftig nach. An der oberen Spitze wiederholen.

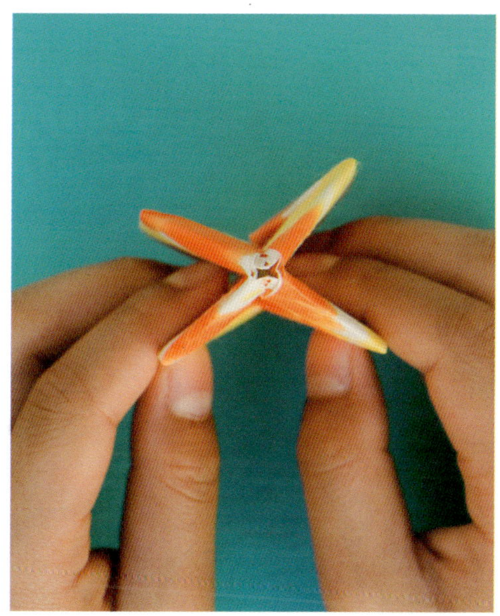

12 Von oben sehen die vier Klappen nun wie ein Kreuz aus. Puste vorsichtig in die Öffnung und drücke den Ballon dabei behutsam mit den Fingern in Form.

2 IE HAUS

Schwierigkeitsgrad ●○○

Fast jede Form lässt sich falten. Dieses Haus besteht aus einem einzigen Blatt Blumenpapier. Es ist so einfach, dass du aus Papierquadraten in verschiedenen Farben und Größen eine ganze Papierstadt zum Spielen falten könntest.

Du brauchst
1 Blatt Papier, 15 x 15 cm

I Falte das Papier zur Hälfte, streiche den Kniff nach und öffne es wieder. Drehe es um 90° und falte es dann quer zum ersten Kniff. Wieder aufklappen.

2 Falte nun die Oberkante des Papiers an den Mittelkniff.

3 Wende das Papier und drehe es um 90°. Falte beide Seitenkanten nacheinander an den Mittelkniff.

4 Wieder um 90° drehen. Öffne eine der oberen Klappen und streiche sie glatt, sodass ein Dreieck entsteht. Auf der anderen Seite wiederholen.

5 Führe die Unterkante bis an die Dreiecke und streiche den Kniff fest nach. Wenn du diesen Streifen halb wieder aufklappst, kann dein Haus darauf stehen.

3 KOMA KREISEL

Schwierigkeitsgrad ●●●

Origami ist wie Zauberei. Hier entsteht ein Kreisel aus drei Blättern Papier. Die Kreisel sehen kompliziert aus, aber das Falten ist ganz einfach. Der Kreisel besteht aus drei Formen, die einzeln gefaltet und dann ineinander gesteckt werden. Wenn er sich dreht, verschwimmen die bunten Farben und Muster.

Du brauchst
3 Blätter Papier, 15 x 15 cm

1 Falte das Papier zur Hälfte und öffne es. Um 90° drehen und wiederholen, dann von Ecke zu Ecke falten.

2 Falte alle vier Ecken zur Mitte.

3 Wiederhole Schritt 1 und 2 mit den beiden anderen Papierblättern. Alle Formen müssen danach genau gleich groß sein.

4 Am ersten Papier alle vier Ecken nochmals zur Mitte falten. Du kannst es dazu ein Stück drehen.

5 Und noch einmal alle vier Ecken zur Mitte falten.

6 Wenden, in beide Richtungen über Eck falten und wieder öffnen.

7 Wieder wenden. In beide Richtungen zur Hälfte falten und öffnen.

8 Drücke jetzt die Ecken zusammen, sodass sie Spitzen bilden.

9 Wende das zweite Papier und falte die Ecken zur Mitte.

10 Noch einmal wenden und die Ecken zur Mitte falten.

11 Wieder wenden. Jetzt falte die Spitzen der oberen Klappen zu den äußeren Spitzen zurück.

12 Öffne die Klappen der zweiten Form und schiebe in jede Tasche eine Spitze der ersten Figur. Die erste Form sitzt nun fest in der zweiten.

13 Breite das dritte Stück Papier aus. Falte seine Ober- und Unterkante zur Mitte.

14 Um 90° drehen und wieder beide Kanten zur Mitte falten. So entsteht ein kleineres Quadrat.

15 Stelle die obere Klappe hoch und falte die Seiten zu Dreiecken auseinander. Dann drücke das Papier wieder flach.

16 Auf der anderen Seite wiederholen. Das Papier wenden und zu dir hin zur Hälfte falten.

17 Falte die linke, obere Klappe so um, dass die Spitze gerade nach unten zeigt. Rechts wiederholen.

18 Wenden und die beiden anderen Klappen nach unten falten.

19 Um 180° drehen. Öffne eine Klappe und drücke sie zu einem Quadrat flach. Mit der zweiten Klappe wiederholen.

20 Wende das Papier und drücke die beiden anderen Klappen flach. Du hast nun ein Rechteck.

21 Öffne das Papier zum Quadrat. Falte an allen vier Klappen die Kanten zur Mitte. Die Kanten müssen genau aneinander stoßen.

22 Die Ecken nach innen falten: Nun hast du ein Achteck.

23 Ziehe an jeder Ecke das Klappenpaar heraus und streiche es in Längsrichtung glatt, sodass es wie eine Raute aussieht.

24 Falte die vier Spitzen, die in der Mitte zusammenstoßen, nach außen.

25 Falte jetzt die langen Spitzen über die Dreiecke hinweg zur Mitte.

26 Stecke die vier Ecken (Schritt 12) in die Taschen der dritten Form. Die langen Spitzen der Rauten müssen verdeckt werden.

4 PAKU-PAKU GEFRÄßIGER PACMAN

Schwierigkeitsgrad ●○○

Diese einfache Figur wird von Generation zu Generation weitergegeben und hat viele Namen. Stecke deine Finger in die Taschen, dann kannst du das Maul längs und quer öffnen und schließen. Du kannst auch Zahlen oder Wörter auf die acht Flächen schreiben und allerlei Spiele damit spielen. Oder stelle die Form auf den Kopf und fülle sie mit Gummibärchen.

Du brauchst
1 Blatt Papier, 15 x 15 cm

1 Falte das Papier von Ecke zu Ecke. Öffnen und in der anderen Richtung wiederholen.

2 Wieder ausbreiten. Falte nun alle vier Ecken genau zur Mitte.

3 Wenden und noch einmal die Ecken zur Mitte falten.

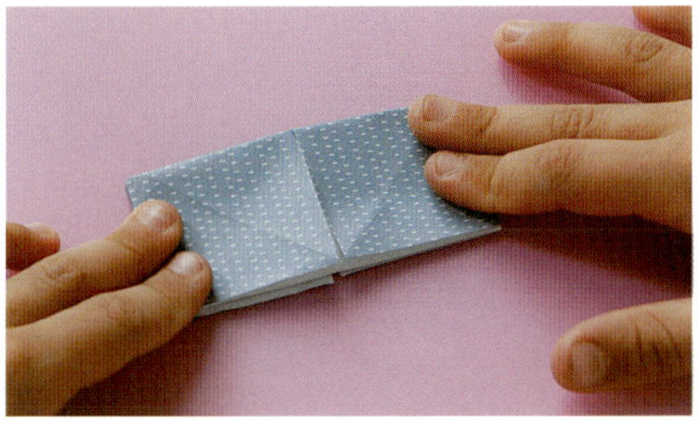

4 Falte das Papier zur Hälfte. Du hast nun ein Rechteck.

5 Schiebe die Finger unter die Klappen, um die Figur zu öffnen und zu bewegen.

5 KABUTO SAMURAI-HELM

Kabuto nennt man die Helme der mittelalterlichen Samurai-Krieger. Am japanischen Kindertag zu Ehren der Gesundheit und guten Entwicklung tragen überall im Land kleine Jungen solche Helme. Oft werden die *kabuto*-Helme einfach aus einem Bogen Zeitungspapier gefaltet, aber aus buntem *chiyogami*-Papier sehen sie viel hübscher aus.

Du brauchst

1 Blatt *chiyogami*-Papier, 30 x 30 cm

1 Falte das Papier von Ecke zu Ecke. Führe dann eine Außenecke zur oberen Spitze. Um die zweite Ecke zur Spitze zu falten, kannst du das Papier ein Stück drehen. Du hast nun ein Quadrat, das auf der Spitze steht.

2 Falte die Spitze der linken Klappe nach unten. Mit der rechten Klappe wiederholen.

Schwierigkeitsgrad ●○○

3 Drehe das Papier um 180°. Falte die Klappe so, dass ihre Außenkante genau in der Mitte des Dreiecks verläuft. Auf der anderen Seite wiederholen.

4 Lege nun die untere Spitze des Papiers nach oben – aber nicht ganz bis zur oberen Spitze.

5 Den restlichen Teil des unteren Papiers an der Mittellinie umfalten.

6 Die Rückseite nach vorn falten und die Mittellinie einkniffen.

7 Schiebe die hintere Klappe in den Helm. Um den Hut zu öffnen, drücke die seitlichen Spitzen zusammen.

6 SHURIKEN NINJA-STERN

Schwierigkeitsgrad ●●○

Ninja nannte man im mittelalterlichen Japan Soldaten mit einer Spezialausbildung in Kampfkünsten und Spionage. Zu den Waffen dieser Krieger gehörten Sterne mit vier messerscharfen Klingen, die sie auf ahnungslose Feinde warfen. Der Ninja-Stern aus Papier ist natürlich ganz ungefährlich, aber das Falten macht Spaß. Und die Nachbildung der berühmten japanischen Waffe sieht besonders toll aus, wenn man dafür zwei verschiedene Papiere benutzt.

Du brauchst
2 Blatt Metallic-Papier, 15 x 15 cm
Schere

1 Für den *shuriken* brauchst du von jedem Blatt Papier nur die Hälfte. Schneide beide Bögen durch.

2 Falte ein Papier längs zur Hälfte. Dann quer zur Hälfte falten, scharf kniffen und wieder öffnen.

3 Schlage die beiden Ecken so um, dass die Oberkante entlang der Seite verläuft.

4 Falte die obere Spitze quer in Winkel von 90°. Es entsteht ein Dreieck, dessen Grundlinie am Mittelkniff liegt.

5 Die untere Spitze ebenso falten, aber in entgegengesetzter Richtung.

6 Falte das zweite Papier ebenso. Achtung: In Schritt 3 die Ecken entgegengesetzt umknicken.

7 Wende das Papier und falte die Spitzen wie in Schritt 4 und 5. Beide Formen sehen nun gleich aus.

8 Lege die erste Form rechtwinklig auf die zweite.

9 Hebe die Spitzen der unteren Form an und schiebe sie unter die Falten der oberen Form.

10 Wenden und die beiden anderen Spitzen in die entsprechenden Taschen schieben.

7 HOSHI STERN

Schwierigkeitsgrad ●●○

Es ist nicht schwierig, einen Stern aus einem Blatt Origami-Papier zu falten, und mit etwas Übung wird es dir immer besser gelingen. Falte doch gleich eine Schar von Sternen in verschiedenen Größen und Mustern!

Du brauchst
1 Blatt Papier, 15 x 15 cm

1 Falte zuerst das Papier von Ecke zu Ecke. Dann falte das Dreieck an seiner längsten Seite zur Hälfte.

2 Bewege den oberen Teil der oberen Klappe zu dir hin. Falte ihn an einer Linie in der Mitte des Papiers.

3 Den zweiten Teil der obersten Klappe faltest du so, dass seine lange Seite am Mittelkniff liegt.

4 Hebe die Figur an. Falte die obere Hälfte entlang der Mittellinie nach oben und hinten.

5 Öffne den oberen Teil der Figur und klappe die Spitze der innen liegenden Papierklappe vorsichtig heraus.

6 Schiebe die Spitze etwas ins Innere und drücke sie flach. Dabei entstehen neue Faltlinien im Inneren der Figur.

7 Falte die linke, untere Ecke der oberen Lage ein kleines Stück weit um.

8 Hebe die letzte Klappe an und falte sie schräg zur gegenüber liegenden Spitze um. Dazu musst du die Ecke, die in Schritt 7 umgefaltet wurde, flach drücken.

9 Alle Faltlinien glatt streichen und den fertigen Stern umdrehen.

8 OU-KAN KRONE

Schwierigkeitsgrad ●●○

Lustige Papphüte sorgen auf Kinderfesten für Gelächter, aber diese glänzenden Kronen sind viel schöner. Wie wäre es mit einer Goldkrone für das Geburtstagskind und silbernen für die Gäste? Mit diesem Kopfschmuck werdet ihr euch wie die Herrscher der Welt fühlen! Die Krone besteht aus mehreren gleichen Formen, die ganz ohne Klebstoff zusammenhalten. Ich habe neun Formen zusammengesetzt, man kann die Zahl aber passend zur Kopfgröße verändern.

Du brauchst
9 Blätter Metallic-Papier, 15 x 15 cm

1 Falte zuerst alle neun Papierblätter längs und quer zur Hälfte und breite sie wieder aus. Dann falte die Ecken zur Mitte. Das ist das *zabuton* oder Bodenkissen.

2 Wenden und die Ecken noch einmal zur Mitte falten.

3 Wende die Form wieder und falte die Ecken zur Mitte.

4 Wieder wenden und die Ecken zur Mitte falten.

5 Nochmals wenden. Unter drei der vier Klappen schiebst du nun einen Finger und ziehst sie flach heraus.

6 Sind alle neun Teile gefaltet, schiebe immer zwei der eckigen Arme ineinander. Zum Schluss verbindest du alle Teile zur Runde.

9 HAATO HERZ

Schwierigkeitsgrad ●○○

Für diese Figur wird ein quadratisches Stück Origami-Papier rechteckig zugeschnitten. Das Herz mit dem schönen Farbverlauf eignet sich gut als Verzierung für eine Karte zum Geburtstag, zum Valentinstag oder zur Hochzeit. Du kannst auch fünf oder sechs Herzen aus kleinen Papierbögen falten und zu einer Blüte zusammensetzen.

Du brauchst
1 Blatt Papier, 15 x 15 cm
Schere

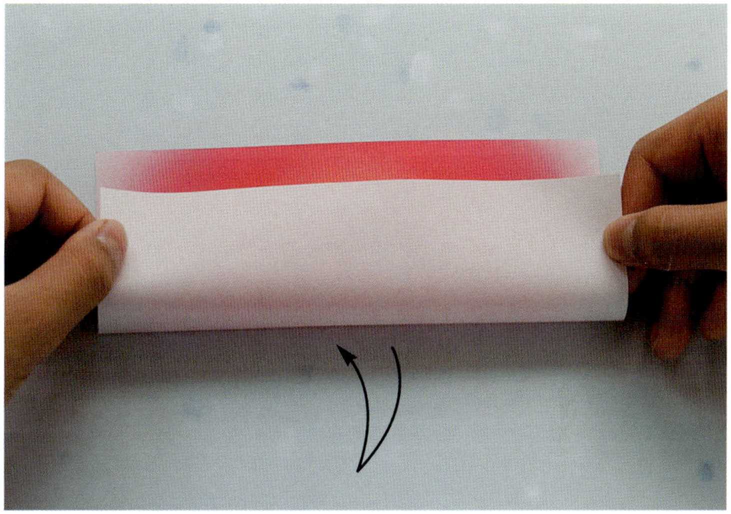

1 Schneide das Papier rechteckig zu und falte es längs zur Hälfte. Danach wieder öffnen.

2 Wende das Papier und falte eine Kante zur Mittellinie.

3 Kniffe jetzt in Querrichtung eine Mittellinie ein. Wieder ausbreiten.

4 Falte beide Seiten an die Mittellinie, die du in Schritt 3 geknifft hast.

5 Breite das Papier aus. Falte die oberen Ecken von den gefalteten Senkrechten bis zur Kante des umgeschlagenen Papiers schräg um.

6 Beide Seiten wieder zur Mitte falten.

7 Wenden und die unteren Ecken zur Mittellinie falten.

8 Falte die oberen Ecken schräg nach unten. Gleich wieder öffnen.

9 Falte nun die oberen Ecken nach hinten und die Oberkante des Papiers nach vorn.

10 Drehe das Papier 90° gegen den Uhrzeigersinn. Ziehe die obere Tasche heraus und streiche das Papier wieder glatt.

11 Die zweite Klappe ebenso öffnen, dann wenden: Fertig ist das Herz.

10 NEKUTAI SCHLIPS

Traditionelles *chiyogami*-Papier mit Batikmuster eignet sich für eine Karte zum Vatertag oder für Teddys Festtagskleidung. Für einen Schlips in Originalgröße nimmst du ein Blatt Papier von 30 x 30 cm Größe.

Du brauchst
1 Blatt *chiyogami*-Papier, 18 x 18 cm

1 Falte das Papier von Ecke zu Ecke und breite es wieder aus.

2 Drehe es, bis der Kniff waagerecht liegt. Falte die Ecken so nach innen, dass die Kanten am Mittelkniff liegen.

Schwierigkeitsgrad ●●○

3 Wenden. Falte die Spitze bis zur Höhe der seitlichen Ecken nach vorn.

4 Nun die Spitze auf einem Fünftel der Länge oberhalb des in Schritt 3 gefalteten Quer-Kniffs wieder nach oben falten.

5 Drücke die Seiten der Spitze leicht nach innen und schiebe sie unter den Kniff, den du im vorigen Schritt gefaltet hast.

6 Jetzt den Schlips wenden und die Spitze so weit umfalten, dass sie bis auf das breite Hauptteil reicht.

7 Zum Schluss falte die beiden Seiten des Hauptteils zur Mittellinie. Umdrehen – fertig!

11 ORUGAN ORGEL

Schwierigkeitsgrad ●○○

Diese traditionelle Figur wird schon seit Generationen weitergegeben. Die Technik ist ganz einfach – prima für Anfänger, die das Kniffen und Herausziehen von Taschen üben wollen. Ich habe ein modernes Papier mit einem großen Karomuster verwendet, das besonders hübsch aussieht.

1 Lege das Papier mit der farbigen Seite nach unten. Falte es zur Hälfte und dann zu Vierteln.

Du brauchst
1 Blatt Papier, 15 x 15 cm

2 Die letzte Faltung wieder öffnen. Bringe jetzt die beiden Kanten an den Mittelkniff.

3 Öffne die Seiten wieder und falte sie oben zu Dreiecken.

4 Falte die mittlere Klappe an der Grundlinie der Dreiecke nach oben. Diesen Streifen gleich noch einmal falten – das werden die Tasten.

5 Schlage die Ecken ein und falte die Seiten so, dass die Orgel von allein steht. Vergiss nicht, die Tasten aufzumalen!

12 **ENNPITSU** BUNTSTIFT

Für den Buntstift musst du ein quadratisches Origami-Papier rechteckig zuschneiden. Du kannst auch anderes schönes Papier verwenden. Der Bleistift ist ein witziges Lesezeichen, und ganz viele solcher Stifte wären eine tolle Dekoration für euer Klassenzimmer.

Du brauchst
1 Blatt Papier, 15 x 15 cm
Schere

Schwierigkeitsgrad ●○○

1 Halbiere ein Stück Origami-Papier und falte es längs zur Hälfte.

2 Breite es aus. Dann schlage eine Schmalseite etwa 1 cm breit um.

3 Wende das Papier. Falte die Ecken der Seite, die du im Schritt 2 umgeschlagen hast, zum Mittelkniff.

4 Bringe die gefalteten Kanten gleich nochmals an den Mittelkniff.

5 Wende das Papier. Falte das lange Ende so weit nach oben, dass die Spitze noch etwa 2 cm hervorschaut.

6 Nun falte beide Seiten zur Rückseite. Eine schiebst du in die Tasche, damit der Buntstift in Form bleibt.

13 **KINGYO** GOLDFISCH

Schwierigkeitsgrad ●●○

Der Fisch aus dem „Wassertropfen"-Papier mit dem schönen Farbverlauf sieht aus, als würde er im Wasser schwimmen. *Kingyo* ist eine sehr alte Origami-Figur, die sich erst im letzten Schritt wie durch Zauberei in einen Fisch verwandelt. Ungewöhnlich ist, dass man zum Schluss eine Schere benutzt. Lass dir dabei von einem Erwachsenen helfen.

Du brauchst
1 Blatt Papier, 15 x 15 cm
Schere

1 Falte das Papier von Ecke zu Ecke. Dann führe eine der seitlichen Ecken zur oberen Spitze.

2 Auch die andere Ecke zur Spitze falten. Danach falte beide Klappen zur unteren Spitze.

3 Das Papier um 180° drehen. Falte nun die umgeknifften Spitzen schräg im Winkel von 45°.

4 Die obere Lage der unteren Spitze nach oben falten. Der Kniff liegt etwa 1 cm unter der Mitte. Dann wenden und die andere Seite ebenso falten.

5 Hebe die Figur an, drehe sie um 90° und schneide mit einer kleinen Schere die einfache Papierlage an der Mittellinie 1,5 cm weit ein.

6 Jetzt falte diese Papierlage links hinter die Figur.

7 Schiebe die Finger in die Figur, ziehe sie auseinander und drücke sie in entgegengesetzter Richtung flach.

8 Falte die linke Spitze 1 cm weit nach innen.

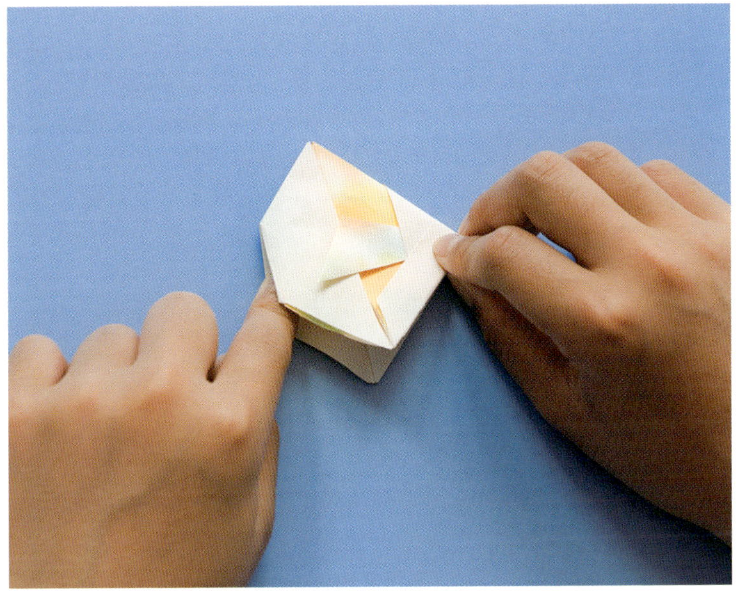

9 Falte diese Klappe nun zurück, bis sie im Inneren der Figur liegt.

10 Hebe die Figur an und ziehe die linke Klappe heraus – das ist der Schwanz.

11 Drücke den Schwanz schön flach, damit er so glatt ist wie der Körper des Fisches.

14 **INU** HUND

Schwierigkeitsgrad ● ○ ○

So ein niedlicher Hund mit Schlappohren ist ganz leicht zu falten. Wenn du größeres Papier nimmst, kannst du ihn sogar als Maske zum Verkleiden benutzen. Zeichne nach dem Falten Augen und Barthaare darauf. Sie müssen nicht perfekt ausfallen, um dem Hund Persönlichkeit zu geben. Probiere andere Papierfarben für verschiedene Rassen aus.

Du brauchst
1 Blatt Papier, 15 x 15 cm
Filzstift oder Wackelaugen zum Aufkleben

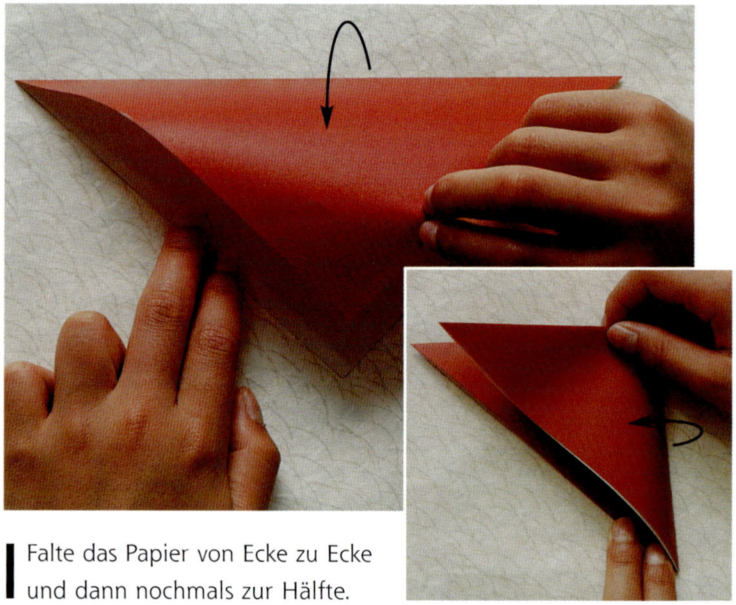

1 Falte das Papier von Ecke zu Ecke und dann nochmals zur Hälfte.

2 Öffne die zweite Faltung und kniffe die Ecken schräg um. Das sind die Ohren.

3 Wende die Figur und falte die obere Spitze gerade um.

4 Noch einmal wenden. Die obere Lage der unteren Spitze nach oben falten, aber die äußerste Spitze wieder nach unten führen.

5 Falte nun die untere Lage um und schiebe sie in die Figur. Jetzt kannst du die Augen aufmalen oder aufkleben.

15 **PENGIN** PINGUIN

Schwierigkeitsgrad ●○○

Weil diese Figuren so einfach sind, habe ich gleich eine ganze Pinguinfamilie gefaltet. Arbeite aber exakt und sorgfältig, damit die witzigen Vögel gut stehen. Wenn du magst, falte doch eine große Pinguin-Kolonie.

Du brauchst
1 Blatt Papier, 15 x 15 cm

I Falte das Papier von Ecke zu Ecke und öffne es wieder. Die untere Spitze nach oben kniffen, dann das Blatt wieder zur Hälfte falten.

2 Falte die obere Lage schräg um. Wenden und auf der anderen Seite wiederholen.

3 Falte die dünne Spitze schräg über die lange, gerade Kante. So entsteht ein Kniff für den Hals des Pinguins.

4 Öffne die Figur etwas und drücke den Körper zwischen den Lagen des Kopfes nach vorn. Dabei wird das Papier an den Kniffen (Schritt 3) in entgegengesetzter Richtung gefaltet.

5 Zum Schluss den Kopf sorgfältig zusammendrücken und glatt streichen.

16 **NEKO** KATZE

Schwierigkeitsgrad ● ○ ○

So eine Origami-Katze kann jeder schnell und leicht falten. Charakter bekommt sie durch Gesicht und Barthaare, die mit Filzstift aufgemalt werden. Ich habe traditionelles, handgemachtes *washi*-Papier verarbeitet, aber anderes quadratisches Papier eignet sich ebenso gut.

Du brauchst
1 Blatt japanisches *washi*-Papier, 15 x 15 cm
Filzstift

1 Falte das Papier von Ecke zu Ecke. Ausbreiten und dann über die beiden anderen Ecken falten.

2 Die obere Ecke des Dreiecks etwa 2 cm weit nach vorn falten.

3 Die rechte Ecke von der Mittellinie aus schräg nach oben falten. Sie soll gerade die Ecke des kleinen Dreiecks (Schritt 2) bedecken.

4 Falte die linke Seite genauso.

5 Nun wende das Papier und zeichne auf die Vorderseite Katzenaugen, Nase und Schnurrhaare.

17 SHIMA-UNA ZEBRA

Schwierigkeitsgrad ●●●

Für das Zebra brauchst du etwas mehr Übung. Einige Faltschritte kennst du aber schon von anderen Figuren. Wenn du das Haus falten kannst, werden dir die ersten Schritte dieser Figur leicht von der Hand gehen.

Du brauchst
2 Bögen gestreiftes Papier, je 15 x 15 cm
Papierkleber

1 Falte das erste Blatt Papier zur Hälfte. Dann breite es wieder aus und wende es.

2 Jetzt bringe Ober- und Unterkante zur Mitte. Dann beide Seiten zur Mitte falten.

3 Öffne die Seiten und drücke die Enden zu dreieckigen Spitzen heraus.

4 Wenden und die beiden Längsseiten zur Mitte falten.

5 Wenden, beide Klappen öffnen und flach drücken. Glätte die andere Seite ebenso.

6 Falte die Figur zur Hälfte – man kann schon die Beine erkennen.

7 Jedes Bein entlang einer Linie von der Fußspitze zur Mitte des Rückens zur Hälfte falten.

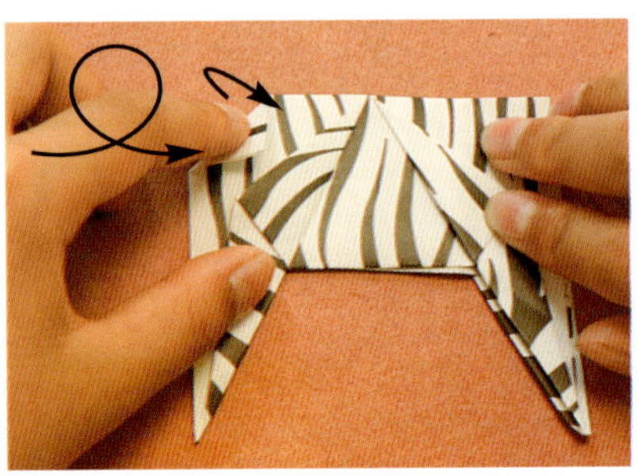

8 Die andere Seite ebenso falten. Falte dann eine Ecke des Rückens um – das ist der Schwanz.

9 Falte das zweite Blatt Papier von Ecke zu Ecke. Öffne es und bringe die unteren Seitenkanten an den Mittelkniff.

10 Das Papier zur Hälfte falten. Die Spitzen treffen aufeinander, die schmalere liegt unten.

11 Die Figur um 90° drehen. Hebe eine Klappe an und drücke sie so zusammen, dass ihre Kante an der Mittellinie liegt.

12 Auf der anderen Seite wiederholen. Nun hast du eine Drachenform. Falte sie längs zur Hälfte.

13 Falte für den Hals die Spitze schräg um. Drücke die Figur auseinander und biege den Kopf entlang der Kniffe in die andere Richtung.

14 Die andere Spitze faltest du um und biegst sie nach unten, ehe du sie zwischen die Lagen des Halses schiebst.

15 Die Nase schräg umfalten, dann den Kopf leicht öffnen und die Nase nach innen drücken.

16 Die Klappe am Hals schräg umfalten – das ist die Mähne. Auf der anderen Seite wiederholen.

17 Alles zusammenstecken.

18 KIRINN GIRAFFE

Schwierigkeitsgrad ●●●

Modernes Origami-Papier wird in zahllosen Mustervarianten angeboten. Dieses gefleckte Papier bietet sich für eine Giraffe förmlich an. Ein Bogen wird für Kopf und Hals benötigt, ein zweites für Beine und Rumpf. Zum Schluss werden beide zusammengefügt. Falte doch gleich einen kleinen Zoo aus verschiedenen Tieren!

Du brauchst
2 Bögen gemustertes Papier, je 15 x 15 cm
Papierkleber

1 Den ersten Bogen brauchst du für Kopf und Hals der Giraffe. Falte ihn von Ecke zu Ecke zur Hälfte.

2 Das Papier um 90° drehen und ausbreiten. Falte die äußeren Ecken so zur Mitte, dass die Kanten am Mittelkniff liegen. Beide Seiten nochmals falten – nun liegen die Faltkanten am Mittelkniff.

3 Die untere Spitze nach oben falten. Das ergibt einen waagerechten Kniff zwischen den unteren Ecken der eingeschlagenen Seiten.

4 Nun das ganze Papier am Mittelkniff zur Hälfte falten. Die offenen Papierkanten liegen dabei innen. Das nennt man Talfalte.

5 Den Kopf faltest du nach innen. Zuerst die äußerste Spitze rechtwinklig zum Hals legen. Dabei entsteht ein schräger Kniff. Dann den Hals etwas öffnen und die Spitze von dir weg schieben, so dass sich der Kopf umstülpt und der schräge Kniff in die entgegengesetzte Richtung gedrückt wird.

6 Falte dann die Nasenspitze nach unten um und drücke sie zwischen die beiden Seiten des Kopfes.

7 Falte das zweite Blatt Papier längs und dann quer zur Hälfte.

8 Öffne die zweite Faltung. Hebe die obere Papierlage einer Seite an und drücke sie flach, so dass sie ein Dreieck bildet.

9 Wende das Papier. Hebe die eckige Seite an, öffne sie und drücke sie ebenso zu einem Dreieck flach.

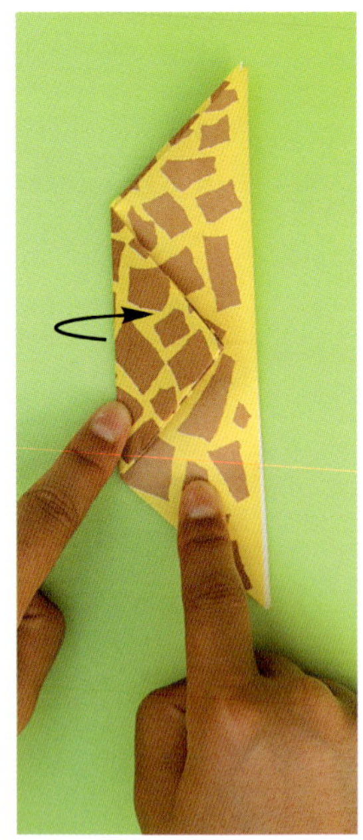

10 Das Papier um 180° drehen. Die Spitze zur Mitte der langen Seite umfalten.

11 Schiebe zwei Finger in die Figur, breite sie etwas aus und drücke sie wieder flach. Schlage dabei die inneren Spitzen um, sodass sie ein Quadrat bilden.

12 Falte die Figur zur Hälfte.

13 Nun die obere rechte Ecke so nach vorn falten, dass ihre Außenkante entlang der Kante der langen Spitze verläuft.

14 Falte das hintere Bein zur Hälfte und drehe den Kniff ins Innere der Figur.

15 Die Figur wenden. Die obere Ecke umfalten und nach innen drücken: Das ist der Schwanz.

16 Jetzt die beiden Teile zusammenstecken – fertig ist die Giraffe!

19 KAERU FROSCH

Der kleine Frosch hüpft, wenn du leicht mit dem Finger auf die Hinterbeine tippst. Falte die witzige, einfache Figur doch zusammen mit Freunden, und veranstaltet dann einen Weitsprungwettbewerb! Diese sehr alte Origami-Figur stammt aus einer Zeit, als man Spielsachen für Kinder selbst machte, weil es sie nicht zu kaufen gab.

Du brauchst
Festes, grünes Papier, 15 x 15 cm

I Falte das Papier zuerst längs, dann quer zur Hälfte. Breite es aus und falte alle vier Ecken zur Mitte.

2 Drehe das Papier um 45° und falte die äußeren Ecken so nach innen, dass die Kanten entlang der Mittellinie verlaufen. Dann die untere Spitze nach oben falten.

3 Falte die unteren Ecken zur Mitte. Dann die Unterkante bis zu der Linie hochfalten, an der die eingeschlagenen Ecken die hochgefaltete Spitze kreuzen.

4 Die in Schritt 3 entstandene Klappe zur Hälfte falten. Dazu biegst du die Oberkante zu dir hin.

5 Die obere Spitze als Kopf nach unten falten. Dann kannst du den Frosch aufstellen, auf sein Hinterteil drücken und ihn hüpfen lassen.

20 USHI KUH

Schwierigkeitsgrad ●●●

Tiere, die aus speziellem Musterpapier gefaltet werden, sind in Japan sehr beliebt. Dieses gefleckte Papier ist perfekt für eine Kuh. Aus einem Blatt faltest du Hals und Kopf, aus einem zweiten Rumpf und Beine. Dann werden beide zusammengeklebt. Wenn du weißes Papier vor dem Falten bemalst, sieht deine Kuh ganz einzigartig aus.

Du brauchst
2 Bögen Papier, je 15 x 15 cm
Papierkleber

1 Falte für den Körper ein Blatt Papier längs und quer zur Hälfte.

2 Öffne die zweite Faltung wieder. Eine Seite öffnen und zum Dreieck flach drücken, dann das Papier wenden und die andere Seite ebenso zum Dreieck drücken.

3 Falte dann die Spitze bis zur halben Höhe des Dreiecks um.

4 Ziehe die Figur auseinander und drücke sie flach. Dabei entstehen an beiden Seiten Dreiecke.

5 Drehe das Papier um 90° und falte den Rücken am Mittelkniff.

7 Für den Kopf faltest du das zweite Papier zur Hälfte. Dann beide Kanten zum Mittelkniff bringen.

9 Öffne die obere Papierlage und drücke sie zu einem Dreieck flach.

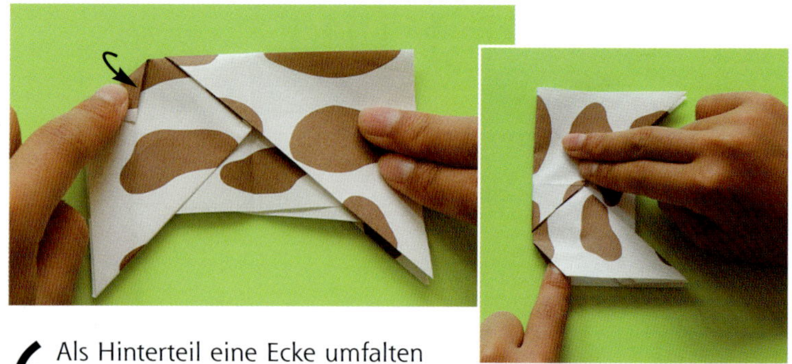

6 Als Hinterteil eine Ecke umfalten und danach zwischen die Papierlagen drücken.

8 Die offene Kante schräg zur anderen Kante falten.

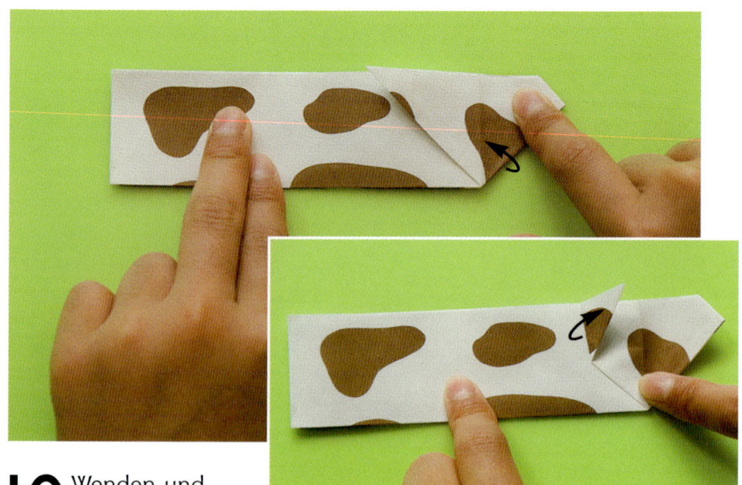

10 Wenden und auf der anderen Seite wiederholen. Nochmals wenden und für die Nase die Spitze nach unten falten. Die andere Ecke des Dreiecks nach vorn falten – das ist ein Ohr. Auf der Rückseite wiederholen.

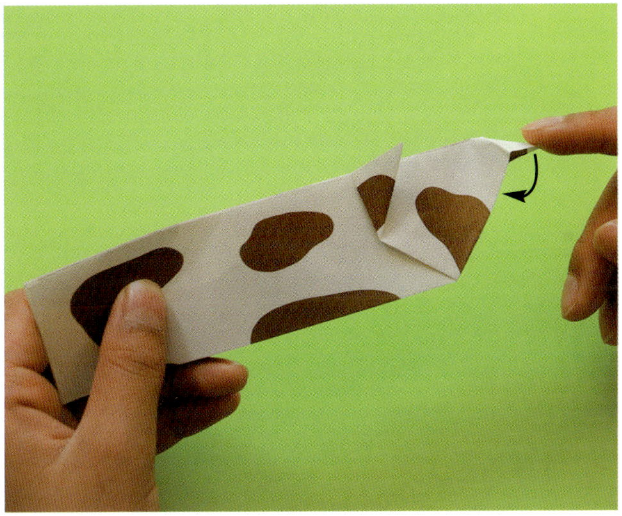

11 Drücke jetzt die Nase zwischen die beiden Lagen des Kopfes.

12 Falte unterhalb des Ohrs den Hals schräg um.

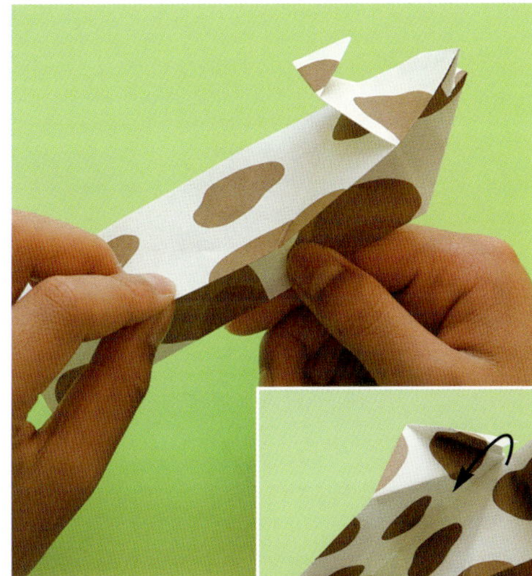

13 Den Hals etwas öffnen und den Kopf nach innen drücken.

14 Falte den schrägen Kniff noch einmal nach.

15 Das untere Ende des Halses schräg umfalten, den Hals etwas öffnen und die Ecke nach innen drücken.

16 Jetzt kannst du beide Teile zusammenkleben.

21 KASANE-BAKO SCHACHTEL-STAPEL

Schwierigkeitsgrad ●●○

Jede Schachtel ist etwas kleiner als die vorherige, darum passen alle ineinander. Am schönsten sehen sie aus, wenn man sie aus verschiedenfarbigem Papier faltet – mit traditionellen Techniken ganz ohne Schere und Klebstoff. Einen Deckel faltest du genauso wie die Schachtel. Das Papier muss aber etwas größer sein, damit er gut passt.

Du brauchst
10 Bögen Papier in verschiedenen Farben, 25 x 25 cm oder größer

1 Schneide neun der Bögen so zu, dass jedes 1 cm schmaler und kürzer als das vorherige ist.

2 Beginne mit der größten Schachtel. Falte das Papier längs und quer zur Hälfte. Dann öffnen, wenden und alle vier Ecken zur Mitte falten.

3 Falte zwei Kanten zur Mitte. Dann drehe das Papier um 90° und falte die Schmalseiten zur Mitte. Nun hast du ein Quadrat.

4 Öffne das Papier wieder und ziehe eine Klappe hoch. Hebe dann auch die gegenüberliegende Klappe an.

5 Drücke die schrägen Kniffe an den Seiten der Klappe jetzt fest nach innen, damit die Ecken schön sauber ausfallen.

6 Nun kannst die die Klappe nach innen umfalten. Die Spitze liegt auf dem Boden der Schachtel.

7 Die andere Seite ebenso falten, dann ist die Schachtel fertig.

8 Die anderen neun Schachteln werden aus den kleineren Papierbögen genauso gefaltet.

TIPP

Benutze Papier in leuchtenden Farben, dann sehen die ineinander gestellten Schachteln besonders schön aus. Fange mit den Regenbogenfarben an – Rot, Orange, Gelb, Grün, Blau, Indigo und Violett. Und dann suche weitere Farben aus, die dir gut gefallen.

22 SAN-POU SANBOW

Schwierigkeitsgrad ●●○

Diese traditionelle Origami-Schachtel ist eine schöne Verpackung für Süßigkeiten oder kleine Geschenke, die Geburtstagsgäste mit nach Hause nehmen dürfen. Suche verschiedene Papiere mit hübschen Mustern aus. Die Schachtel passt bequem in eine Hand, aber du kannst sie auch in anderen Größen falten. Es sieht interessant aus, wenn du auf die Rückseite des *edo-chiyogami*-Papiers ein einfarbiges Papier klebst.

Du brauchst

1 Blatt *edo-chiyogami*, 20 x 20 cm

1 Falte das Papier zur Hälfte und öffne es wieder. Dann um 90° drehen, wieder zur Hälfte falten und öffnen. So erhältst du zwei Kniffe.

2 Falte alle vier Ecken zur Mitte. Diese Form nennt man auch „Bodenkissen".

3 Nun erst nach hinten zur Hälfte falten (das ist eine Bergfalte), dann nach vorn zur Hälfte falten (Talfalte).

4 Schiebe die Finger in die obere Klappe und ziehe sie hoch. Die Tasche öffnet sich, und die linke Ecke hebt sich. Drücke diese Spitze herab, sodass du eine Rautenform erhältst.

5 Das Papier wenden und den vorigen Schritt wiederholen. Ziehe die große Klappe hoch und falte die Ecke zur Spitze der Raute hinab.

6 Drehe das Papier um 90° und schiebe die Finger tief hinein. Beide Klappen gleichzeitig öffnen und das Papier von dir weg flach drücken. Es bildet nun ein Rechteck.

7 Wenden, die anderen Klappen öffnen und ebenso flachdrücken. Jetzt sieht das Papier aus wie ein Haus.

8 Schlage an der Vorderseite und Rückseite der Figur je eine Klappe um. Nun hast du zwei glatte Seiten.

9 Hebe die beiden oberen Klappen rechts und links an. Falte sie zur Mittellinie.

10 Wende das Papier und falte die Klappen auf der Rückseite auch zur Mittellinie.

11 Nun wieder die Klappen an Vorder- und Rückseite so umschlagen, dass beide Seiten glatt aussehen.

12 Die spitzen Enden umfalten – so entsteht ein Quadrat.

13 Ziehe jetzt die Schachtel vorsichtig auseinander, drücke den Boden hinab und ziehe die spitzen Klappen auseinander.

23 NAPUKIN RINGU SERVIETTENRING

Schwierigkeitsgrad ●○○

Der Serviettenring sieht so interessant aus, weil er aus schmalen Streifen in zwei verschiedenen Farben gefaltet wird. Aus längeren Streifen könntest du auch ein Armband falten – oder gleich mehrere in abgestimmten Farben. Oder möchtest du die Ringe zu einer Kette zusammensetzen?

Du brauchst
3 Streifen Papier in Rosa und 3 Streifen in Violett
Papierkleber

1 Schneide zwei Bögen Origami-Papier in Streifen. Lege die Enden von zwei verschiedenfarbigen Streifen rechtwinklig aufeinander.

2 Falte nun beide Streifen so um, dass man die Rückseiten der Streifen sieht.

3 Immer abwechselnd die beiden Streifen umfalten: hin und her.

4 Zum Ansetzen klebst du die dunkle Seite eines Streifens an die helle Seite eines gleichfarbigen Streifens.

5 Den zweiten Streifen verlängerst du genauso. Und dann wieder hin und her falten. Setze die letzten Streifen an und falte weiter.

6 Zum Schluss die Enden verbinden: Gib etwas Klebstoff auf die helle Seite des violetten Streifens und klebe sie auf das andere hellviolette Ende. Mit dem rosafarbenen Streifen wiederholen.

24 COP-SHIKI UNTERSETZER

Schwierigkeitsgrad ●●○

Dieser tolle Untersetzer wird aus modernem Papier mit Blumenmuster gefaltet. Damit er gut aussieht, musst du sehr akkurat falten. Und wenn du jemandem eine Medaille verleihen willst, falte einfach nach dem letzten Schritt die vier Ecken nach hinten. Untersetzer und Medaille sind das Highlight auf jeder Party.

Du brauchst
1 Bogen Papier in kräftigen Farben, 15 x 15 cm

1 Falte das Papier zur Hälfte und öffne es. Dann falte Ober- und Unterkante an den Mittelkniff.

2 Wenden und die Schmalseiten zur Mitte falten. Sie müssen dort genau zusammentreffen.

3 Hebe eine Seite an und öffne das Papier. Falte die Ecke schräg, sodass das Papier hochsteht. Die andere Seite dieser Klappe ebenso falten.

TIPP

Lass dir reichlich Zeit und gib dir Mühe, dass deine Faltungen exakt ausfallen. Arbeite auf einem Tisch, damit du das Papier schön fest kniffen kannst. Das ist außerdem viel einfacher, als freihändig in der Luft zu falten.

4 Wiederhole den vorigen Schritt mit der unteren Klappe. Drücke das Papier flach – es hat nun zwei spitze Enden.

5 Falte die obere linke Klappe nach oben. Dann schlage die drei anderen Klappen ebenso um.

6 Hebe die obere linke Klappe an und drücke sie zu einem Quadrat flach. Mit den anderen drei Klappen wiederholen.

7 Die Ecken der vier Klappen so falten, dass sich ihre Kanten auf den Diagonalen treffen.

8 Die kleinen Klappen, die gerade entstanden sind, öffnen und an den Spitzen zu kleinen Dreiecken flach drücken.

9 Wenn alle Klappen flach gedrückt sind, bilden sie einen einfarbigen Kreis in der Mitte des Untersetzers.

25 **KAMI-COP** BECHER

Schwierigkeitsgrad ●○○

Am schönsten sieht dieser einfache Becher aus, wenn man ihn aus Papier mit zwei verschiedenfarbigen Seiten faltet. Das Papier sollte recht steif sein, damit er von selbst steht, wenn man den Boden herabdrückt. Nimmst du ein größeres Stück Papier, wird aus dem Becher ein witziger Hut.

Du brauchst
1 Blatt festes Papier mit verschiedenfarbigen Seiten, 20 x 20 cm

1 Falte das Papier von Ecke zu Ecke.

2 Die rechte, untere Spitze zur Mitte der gegenüberliegenden Seite falten. Die Oberkante der Ecke verläuft waagerecht.

3 Die obere Lage der oberen Spitze über die gerade Kante falten.

4 Wende das Papier und falte die andere Spitze um wie in Schritt 2.

5 Wieder die obere Spitze umfalten. Drücke den Becher nun mit den Fingern auseinander.

26 HANA-KAGO BLUMENKÖRBCHEN

Schwierigkeitsgrad ●●○

So ein Körbchen aus Blumenpapier ist eine hübsche Dekoration. Du kannst auch kleine Geschenke darin verpacken. Für mehrere Gäste nimmst du am besten verschiedene Papiere. Faltest du den Korb aus einem größeren Bogen, passen tatsächlich Blumen hinein.

Du brauchst
1 Blatt gemustertes Papier, 15 x 15 cm
Papierkleber

1 Falte das Papier von Ecke zu Ecke. Dann halte die linke Seite fest und falte es noch einmal.

2 Öffne die obere Klappe und drücke sie zu einem Quadrat flach. Auf der anderen Seite wiederholen.

3 Falte die obere Lage in der Mitte um und öffne sie wieder.

4 Jetzt die Spitze der Klappe zum Mittelkniff falten. Wenden und auf der anderen Seite wiederholen.

5 Falte nun die obere linke Ecke nach unten rechts. Wende das Papier und wiederhole dies auf der Rückseite.

TIPP

Das Körbchen wird dir vielleicht nicht auf Anhieb perfekt gelingen. Weil aber alle Faltungen auf Vorder- und Rückseite gleich sind, bekommst du schnell Übung.

6 Falte die obere, linke Ecke der oberen Lage zum schrägen Mittelkniff. Dann falte die untere, rechte Ecke zum selben Kniff. Wenden und auf der Rückseite wiederholen.

7 Die Klappen wieder öffnen. Die obere Ecke so umfalten, dass ihre Oberkante am linken Kniff liegt. Die untere Ecke so falten, dass ihre rechte Kante am rechten Kniff liegt.

8 Beide Klappen wieder umfalten. Dann die Figur wenden und ab Schritt 6 auf der Rückseite wiederholen.

9 Falte nun das breite Ende quer. So entsteht ein Kniff zwischen den seitlichen Klappen.

10 Schiebe die Finger ins Körbchen und öffne es vorsichtig – aber nicht die Ecken auseinander ziehen.

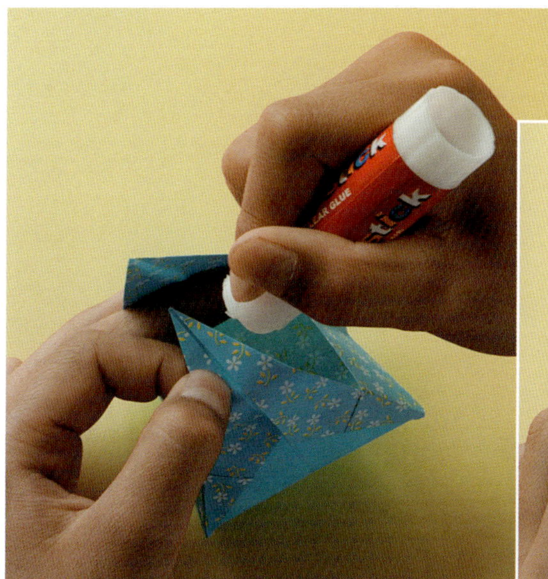

11 Mit etwas Klebstoff werden die langen Spitzen zum Henkel verbunden. Gut zusammendrücken, damit er sicher hält.

27 SCHICHTTORTE

Schwierigkeitsgrad ●●●

Knusprig-luftiger Blätterteig wurde zwar in Frankreich erfunden, wird aber in Japan sehr gern gegessen. Dort gibt es sogar Papier mit speziellen Druckmustern, aus denen man Torten und andere Süßigkeiten falten kann, die fast wie echt aussehen. Wer solches Papier nicht findet, kann anhand der Vorlage rechts auch weißes Papier selbst bemalen.

Für das Tortenstück kannst du Spezialpapier benutzen oder diese Vorlage auf weißes Papier übertragen. Dann wird Schritt für Schritt gefaltet.

Du brauchst
Für ein Tortenstück 2 Bögen Origami-Papier mit Spezialdruck, 15 x 15 cm
Für die Dekoration 1 Bogen Papier, 7,5 x 7,5 cm

1 Falte zwei Papierkanten zur Mitte und öffne sie wieder. Du hast nun zwei Kniffe. Falte dann das Papier zur Hälfte.

2 Falte nun die Schmalseiten zur Mitte und öffne sie wieder. So ergeben sich wieder zwei Kniffe.

3 Falte die unteren Ecken im Winkel von 45° um. Dann falte von den oberen Ecken nur die obere Lage schräg zur Mittellinie herab.

4 Die obere Klappe an der Mittellinie nach unten falten. Die Oberkante liegt nun auf der Unterkante des Papiers.

5 Das Papier wenden. Die Oberfläche muss ganz glatt sein.

6 Falte beide oberen Ecken zur Mittellinie und öffne sie wieder. So entstehen schräge Kniffe.

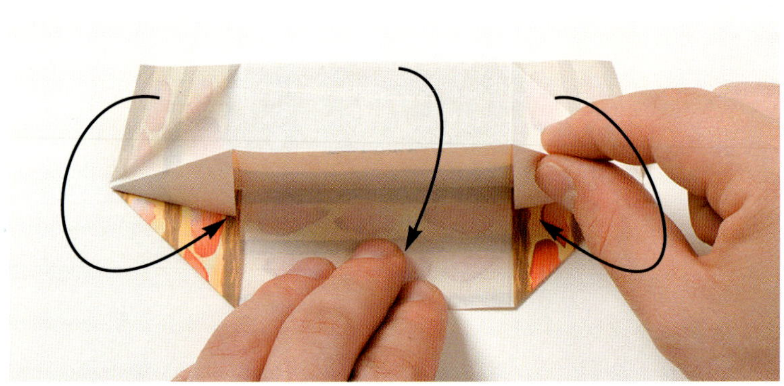

7 Stelle die obere Hälfte des Papiers aufrecht. Hebe die untere Klappe etwas an und schiebe die Ecken in die Falten.

8 Vorsichtig öffnen und die Enden gerade aufrichten. Die zwei Breitseiten müssen im rechten Winkel zueinander stehen.

9 Das zweite Teil wird genauso gefaltet. Dann kannst du beide zusammenstecken.

10 Für die Dekoration faltest du das kleine Papier zuerst über Eck und dann zur Hälfte.

11 Hebe eine dreieckige Klappe an und drücke sie zum Quadrat flach. Wenden und auf der Rückseite wiederholen.

12 Die obere Klappe anheben, ausbreiten und wieder glatt streichen.

13 Wenden und auf der Rückseite genauso vorgehen.

14 Ausbreiten und jeden zweiten Kniff umkehren. Dabei legt sich das Papier in Falten.

15 Die kleinen Ecken, die unten überstehen, faltest du in die Pyramide hinein.

16 Nun kannst du die Dekoration auf das Tortenstück aus zwei zusammengesteckten Papierbögen setzen.

28 SCHOKOLADENKUCHEN

Schwierigkeitsgrad ●●○

Schokoladenkuchen mag jeder, und dieser sieht wirklich zum Anbeißen aus. Wer die Abwechslung liebt, benutzt verschiedene Papiere, zum Beispiel gelbes für leckeren Käsekuchen. Wer Fantasie hat, kann eine ganze Konditorei aus Papier falten.

Du brauchst
2 rechteckige Bögen Papier, 15 x 7,5 cm
2 quadratische Bögen Papier, 7,5 x 7,5 cm
Papierband
Papierkleber
Schere

1 Schneide aus Origami-Papier zwei Quadrate und zwei Rechtecke zu. Die Schmalseiten der Rechtecke müssen genau so lang sein wie die Seiten der Quadrate.

2 Falte das erste Rechteck längs zur Hälfte und öffne es. Dann falte es quer.

3 Wieder öffnen und über Eck falten. Die Kniffe müssen genau durch den Mittelpunkt des Papiers laufen, wo sich auch die beiden ersten Kniffe überkreuzen.

4 Drücke beide Enden derselben Längsseite zusammen. Dabei entsteht am quer verlaufenden Kniff von selbst eine Spitze.

5 Falte die Klappe im Inneren zur Hälfte und drücke sie an das glatte Papier. So wird diese Form zusammengehalten.

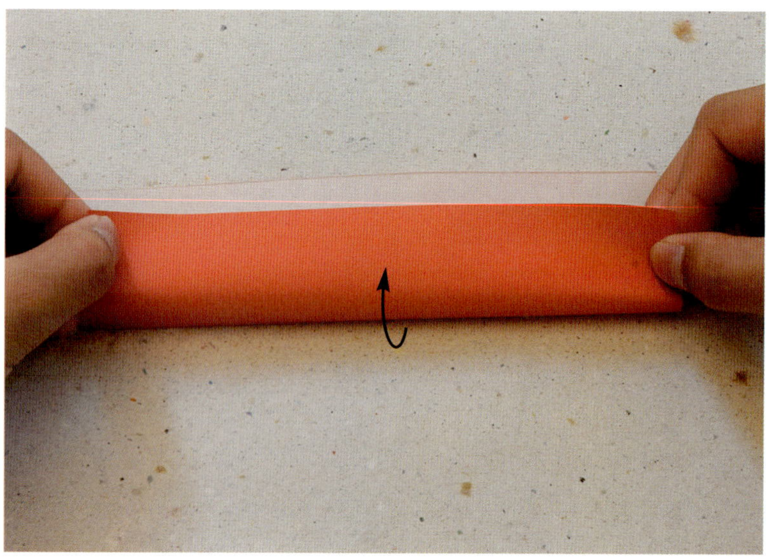

6 Falte das zweite Papierrechteck längs zur Hälfte.

7 Dann falte es quer, öffne diese Faltung und führe beide Schmalseiten zur Mitte.

8 Lass das Papier auseinander springen und schiebe es in die Öffnung der ersten Faltfigur.

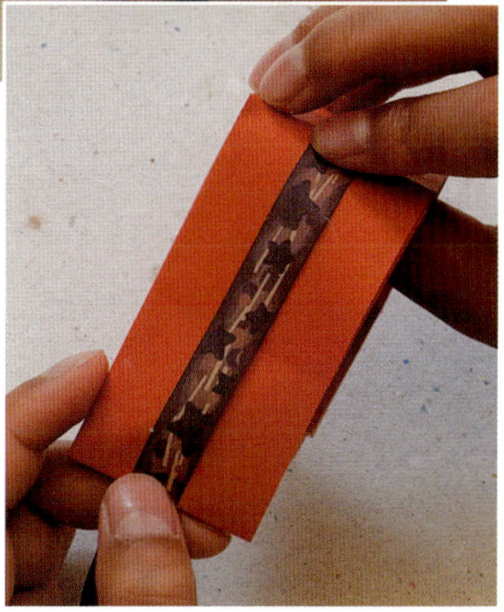

9 Bestreiche einen Streifen aus gemustertem Origami-Papier mit Klebstoff und lege ihn um beide Teile, um sie zusammenzuhalten.

10 Aus den kleinen Papierquadraten kannst du Dekorationen für dein Tortenstück falten (siehe Seite 101).

29 SANDWICH

Schwierigkeitsgrad ●●○

Das leckere Sandwich wird aus Spezialpapier gefaltet, das wie Toastbrot aussieht. Wer Lust hat, faltet eine kalte Platte mit verschieden belegten Broten – vielleicht Spiegeleier, Speck und frischer Salat? Wer kein Spezialpapier findet, bemalt einfach weißes Papier selbst. Natürlich kannst du auch deinen Lieblingsbelag malen und ausschneiden.

Du brauchst
2 Bögen Spezialpapier, 15 x 15 cm
„Belag" aus Papier, gekauft oder selbst gemalt und ausgeschnitten

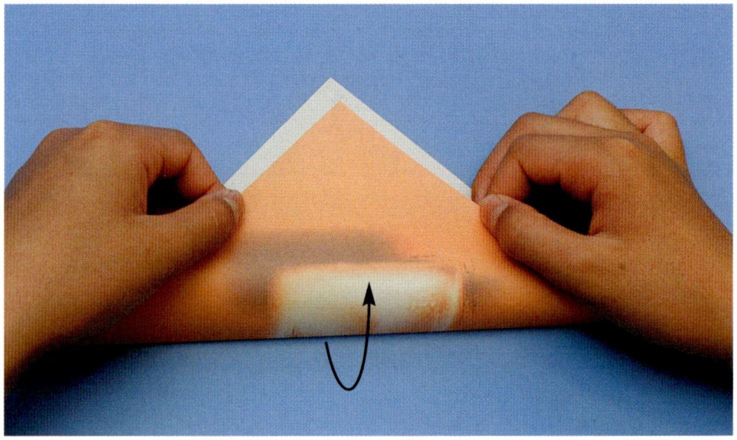

1 Das erste Papier von Ecke zu Ecke vorfalten und wieder öffnen, dann auch in entgegengesetzter Richtung vorfalten.

2 Breite das Papier ganz aus und falte alle vier Ecken zur Mitte. Jetzt hast du ein Quadrat.

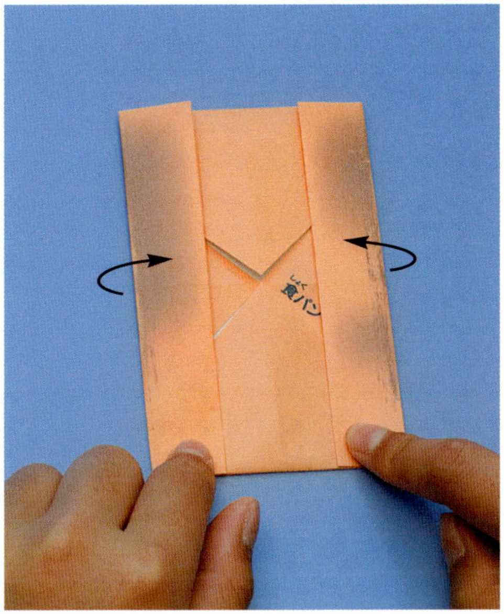

3 Schlage nun beide Seiten zur Mitte ein – aber nur halb!

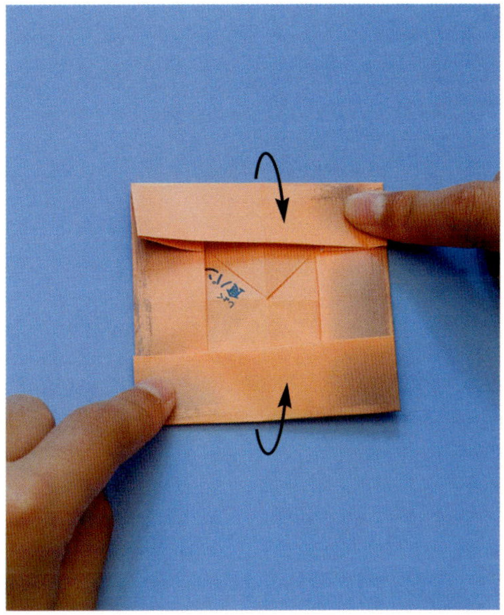

4 Jetzt die beiden anderen Seiten halb zur Mitte falten.

5 Klappe zwei Enden aus und drücke die schrägen Kniffe an den Ecken nach innen, sodass der Rand hochsteht.

6 Dann falte die Spitzen nach innen auf den Boden.

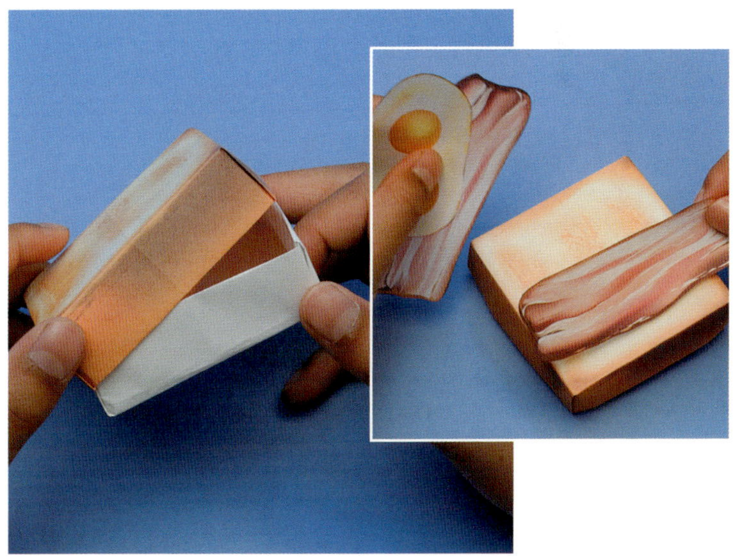

7 Wiederhole die Faltfolge mit einem zweiten Blatt Papier. Setze beide zu einer Brotscheibe zusammen und „belege" sie.

30 HOT DOG

Schwierigkeitsgrad ●●●

Das Hot Dog ist ein witziges Faltmodell zum Üben. Nimm braunes Papier für das Brötchen, und für die Wurst ein rechteckiges Stück. Das Falten des Brötchens aus einem ganzen Blatt Origami-Papier verlangt etwas Geschick, dafür ist das Würstchen ganz leicht.

Du brauchst
15 x 7,5 cm Spezialpapier, gekauft oder selbst bemalt
1 Blatt braunes Origami-Papier, 15 x 15 cm

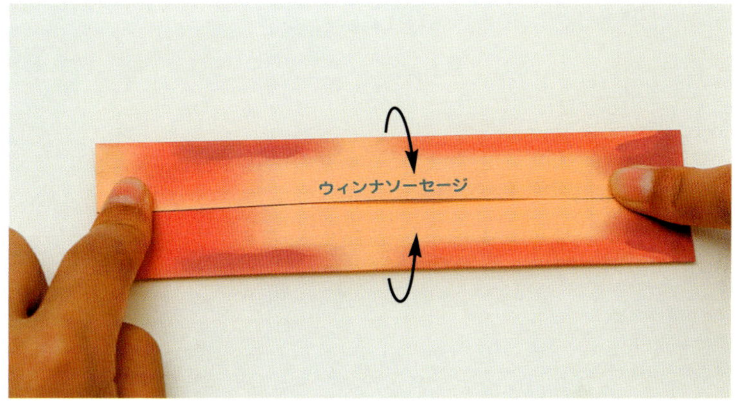

1 Falte für die Wurst das rechteckige Papier längs zur Hälfte. Öffne es und falte dann beide Kanten an den Mittelkniff.

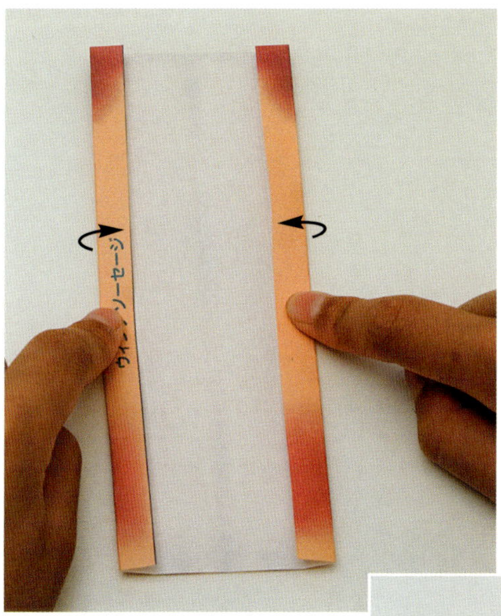

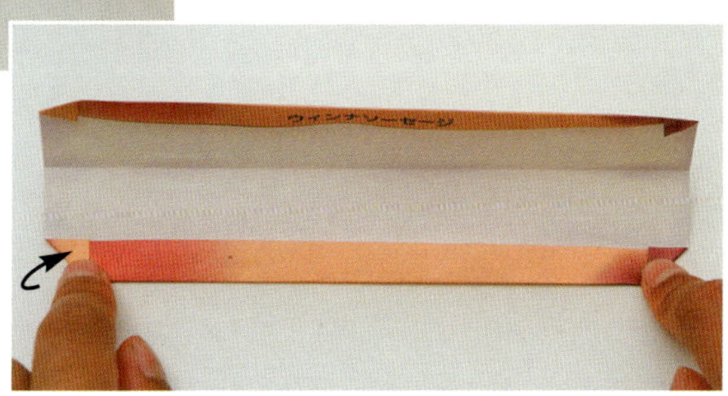

2 Öffne es wieder. Nun falte die Kanten bis an die neuen, äußeren Kniffe. Schlage die Ecken bis an diese Kniffe um.

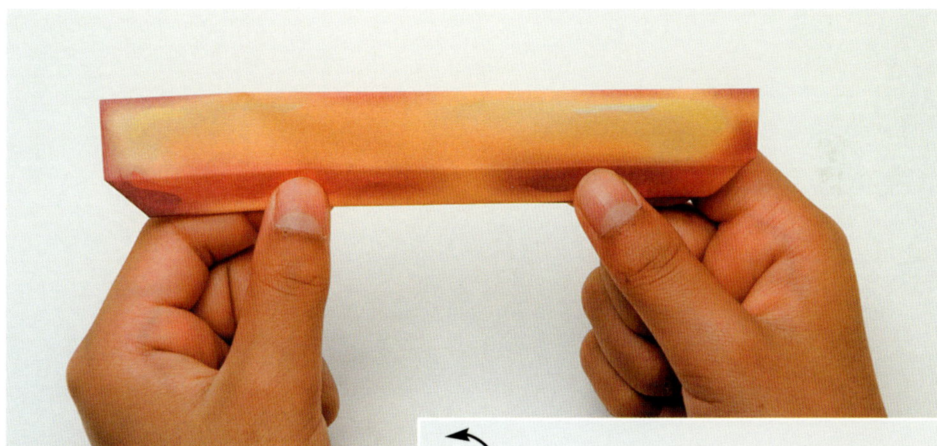

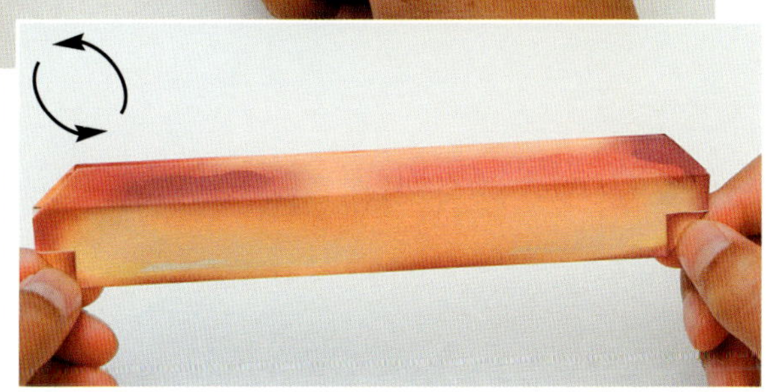

3 Jetzt das Papier wieder in der Mitte zusammenfalten, um 180° drehen und die unteren Ecken umkniffen.

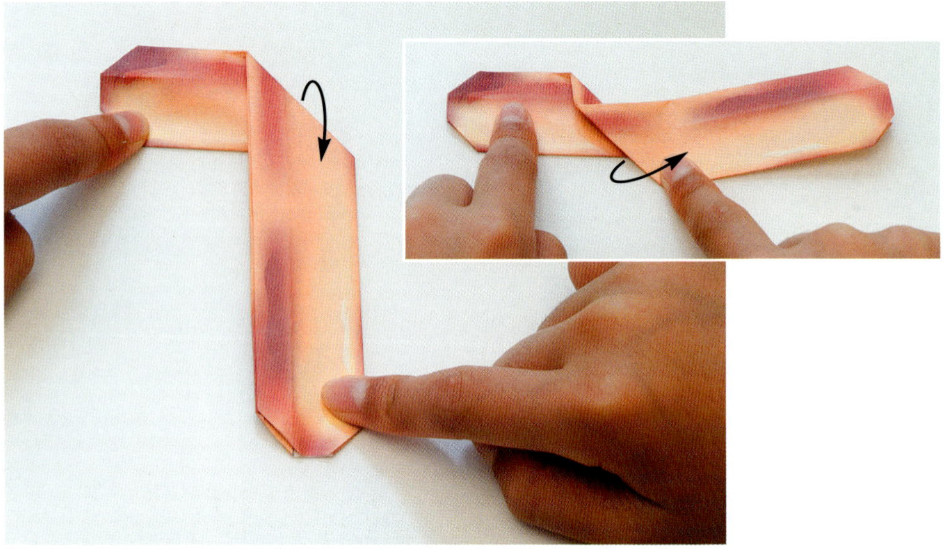

4 Falte nun die Wurst in etwa 4 cm Abstand zu einem Ende im Winkel von 45°. Das lange Ende 1 cm weiter wieder schräg zurück falten.

5 Falte die Wurst noch dreimal so im Zickzack. Dann ziehe sie vorsichtig auseinander.

6 Für das Brötchen faltest du das quadratische Papier zur Hälfte. Die Seiten zur Mitte falten, wieder öffnen, und dann etwa 1 cm breit einschlagen.

7 Nun die Seiten auf den vorherigen Kniffen wieder umfalten, dabei bleibt in der Mitte eine 2 cm breite Lücke. Falte die Ecken ebenso breit um.

8 Hebe die Ecken an, öffne sie und drücke die Kniffe in die entgegengesetzte Richtung. Drücke die Klappen zwischen die Papierlagen. Die Gesamtform verändert sich dadurch nicht.

9 Hebe die vier dreieckigen Klappen, die gerade entstanden sind, an. Falte die Schmalseiten 1 cm breit um.

10 Falte die kleinen Klappen an den Seiten zurück, sodass du sie unter die hochstehenden, dreieckigen Klappen schieben kannst. Dabei musst du die Kniffe umkehren.

11 Jetzt die hochstehenden Dreiecke umfalten und ihre Enden fest zusammendrücken.

12 Wenn du die Wurst ins Brötchen schiebst, wird sie von den vier umgeschlagenen Ecken festgehalten.

31 PIZZA

Welchen Pizzabelag magst du am liebsten? So eine witzige Origami-Pizza ist ein prima Zeitvertreib mit Freunden – zum Beispiel während ihr darauf wartet, dass die echte Pizza knusprig und heiß aus dem Backofen kommt.

Du brauchst

2 Bögen Spezialpapier, 15 x 15 cm, gekauft oder selbst bemalt, in Viertel geschnitten (ergibt 8 kleine Quadrate)

Schwierigkeitsgrad ● ○ ○

1 Schneide zwei Bögen Origami-Papier in Viertel, um acht kleine Quadrate zu erhalten. Nimm ein Quadrat und falte es von Ecke zu Ecke. Öffne es wieder.

2 Falte jetzt die untere Ecke so um, dass die Kante genau im Mittelkniff liegt. Die obere Ecke wird ebenso umgefaltet.

3 Nun das breite Ende über die Enden der beiden Klappen falten.

4 Das Papier wenden und etwa 0,5 cm breit umfalten. Das ist der Teigrand.

5 Falte die anderen sieben Papierquadrate genauso – fertig ist die Pizza!

32 KO-BUNE BOOT

Schwierigkeitsgrad ●●○

Das Boot ist eine traditionelle Origami-Figur. Du brauchst dafür Faltmethoden, die du schon von anderen Beispielen in diesem Buch kennst. Je öfter du sie übst, desto leichter werden sie dir fallen. Weil die hübschen Boote so einfach sind, kannst du doch gleich eine kleine Flotte falten!

Du brauchst
1 Blatt Papier, 15 x 15 cm

1 Falte das Papier zur Hälfte und öffne es wieder. Dann falte die Unterkante an den Mittelkniff.

2 Wenden und die Oberkante bis zur Mitte umfalten.

3 Drehe das Papier um 180° und falte es von links nach rechts zur Hälfte. Wieder öffnen.

4 Jetzt falte beide Schmalseiten an den Mittelkniff.

5 Öffne die obere linke Klappe und drücke sie zu einem Dreieck flach. Dasselbe tust du mit der rechten oberen Klappe.

6 Öffne die linke Seite und ziehe die untere Klappe nach unten. Drücke sie zu einem Dreieck flach.

7 Auf der rechten Seite wiederholen.

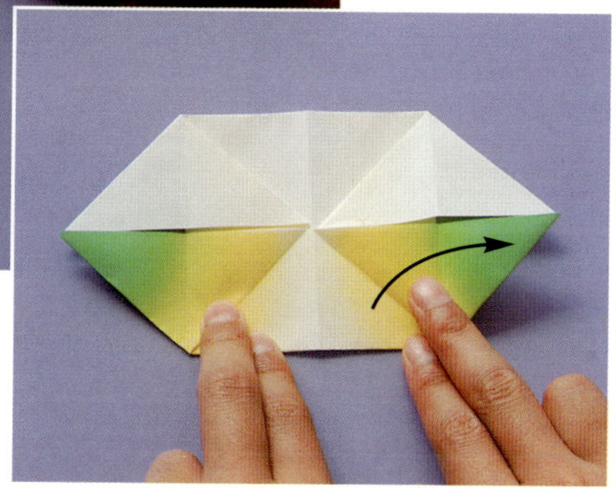

8 Hebe das untere, linke Dreieck an und falte es nach links. Rechts wiederholen.

TIPP

Wenn du kein Origami-Papier oder anderes stabiles Papier zur Hand hast, kannst du auch dünneres Papier benutzen. Ziehe dann die untere Hälfte ganz vorsichtig auseinander, damit das Papier nicht einreißt. Das fertige Boot ist recht stabil, aber beim Falten musst du aufpassen, dass du das Papier nicht beschädigst.

9 Ziehe die untere Hälfte auseinander. Falte die obere Hälfte nach unten und schiebe sie hinein.

10 So sieht das fertige Boot aus.

33 **HIKOUKI** FLUGZEUG

Schwierigkeitsgrad ●○○

An Papierfliegern haben Jungs und Mädchen ihren Spaß. Für dieses Flugzeug kannst du jedes beliebige Origami-Papier benutzen. Es ist im Handumdrehen fertig, und wenn du sorgfältig faltest, fliegt es sehr gut. Auf die Plätze – fertig – abheben!

Du brauchst
1 Blatt Origami-Papier, 15 x 15 cm

1 Falte das Papier in der Mitte.

2 Öffne es und falte die Ecken auf einer Seite an den Mittelkniff.

3 Jetzt eine Seite nochmals an den Mittelkniff falten. Das ist eine Tragfläche.

4 Für die zweite Tragfläche wiederholen. Dann für die stumpfe „Nase" die Spitze nach innen falten.

5 Die ganze Figur zur Hälfte falten. Dabei muss die Nase außen liegen.

6 Falte einen Flügel nach unten.

7 Den anderen Flügel umfalten – das Flugzeug ist startbereit.

34 **ROKETTO** RAKETE

Schwierigkeitsgrad ●●○

Metallic-Papier ist genau die richtige Wahl für diese tollen Weltraum-Raketen. Besonders schön sieht silbernes Papier mit einer andersfarbigen Rückseite aus. Wenn du magst, kannst du die Rakete auch aus weißem Papier falten und anschließend mit Farbstiften nach Lust und Laune bemalen.

Du brauchst
1 Blatt Metallic-Papier, 15 x 15 cm

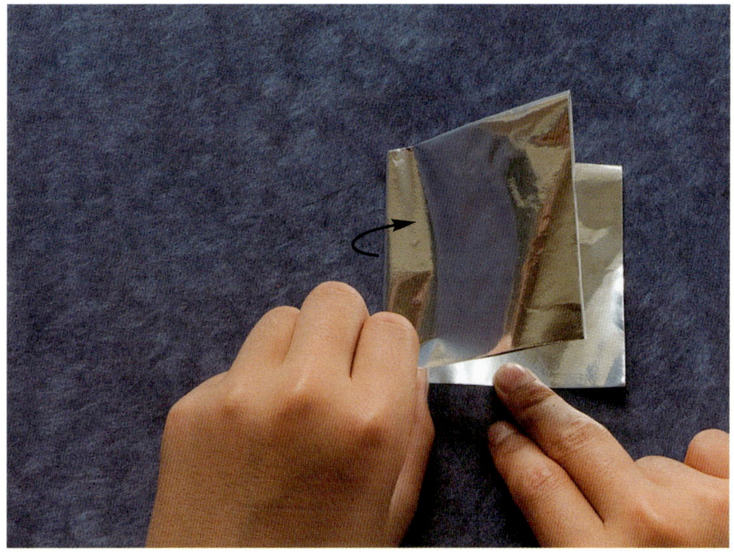

1 Falte das Papier zur Hälfte und dann zu Vierteln.

2 Drehe das Papier um 45°. Öffne die obere Klappe und drücke sie zum Dreieck flach. Wenden und auf der Rückseite wiederholen.

3 Falte erst die linke Ecke, dann die rechte Ecke nach oben. Wende das Papier und falte auch auf der Rückseite beide Ecken hoch.

4 Öffne die linke Klappe und drücke sie zu einem Quadrat flach. Dasselbe tust du mit der rechten Klappe.

5 Wende das Papier und wiederhole Schritt 4 auch auf der Rückseite.

6 Lege die obere Klappe von links nach rechts. Jetzt ist die Oberfläche der Figur glatt. Auf der Rückseite wiederholen.

7 Falte beide Seiten zum Mittelkniff. Wenden und Wiederholen.

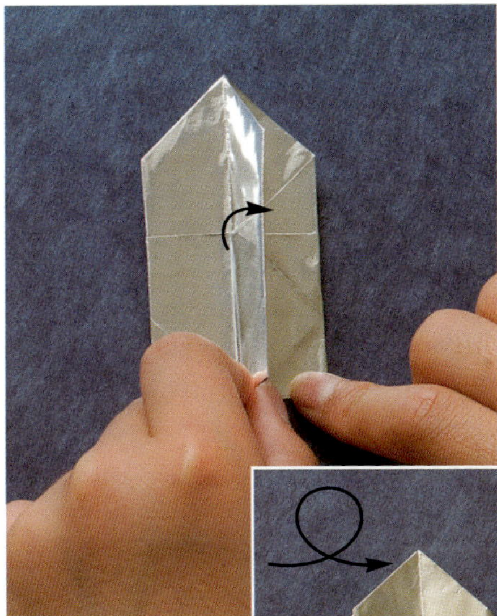

8 Lege die obere Klappe von links nach rechts. Auf der Rückseite ebenso.

9 Hebe die rechte, eckige Klappe an und streiche sie zu einem Dreieck flach. Mit der linken Klappe wiederholen.

10 Wende die Figur und wiederhole den vorigen Schritt.

11 Zum Schluss alle Klappen aufstellen. Wenn du lieber ein Space Shuttle haben möchtest, drücke zwei Klappen zusammen. Dann bleiben zwei Tragflächen übrig.

35 YOTTO JACHT

Schwierigkeitsgrad ●○○

Für dieses Segelboot habe ich Papier mit zwei verschiedenfarbigen Seiten benutzt, aber andere Papiersorten eignen sich ebenso gut. Du kannst es auch mit anderen Papierformaten probieren. Diese Jacht gelingt sogar kleinen Kindern leicht. Schicke sie doch zusammen mit dem Boot (Seite 114–117) auf große Fahrt!

Du brauchst
1 Bogen farbiges Papier, 25 x 25 cm

1 Falte das Papier von Ecke zu Ecke. Wieder öffnen.

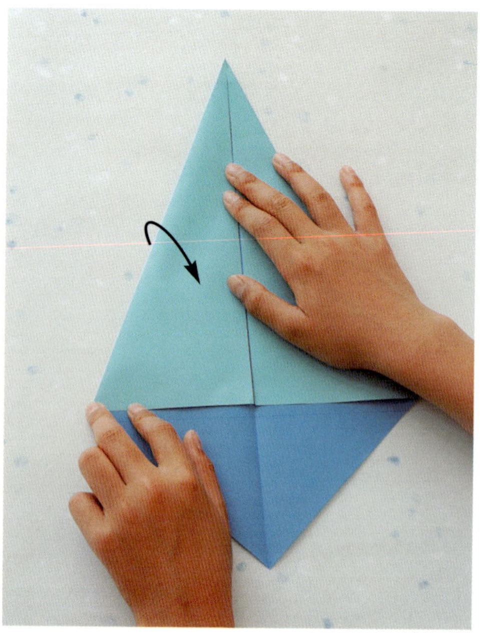

2 Falte die Ecken so zur Mitte, dass die Kanten genau auf dem Mittelkniff liegen.

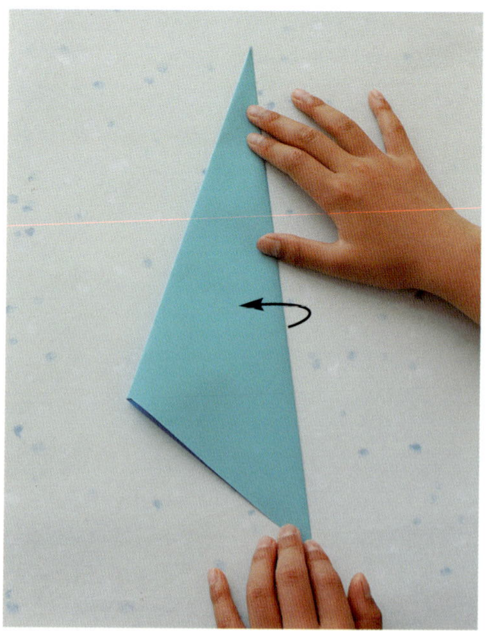

3 Jetzt das Papier zur Hälfte falten.

4 Falte die untere Ecke so um, dass ihre Kante schräg verläuft.

5 Öffne das Papier und drücke den unteren Kniff in die entgegengesetzte Richtung. Dann liegt der Bootsrumpf außen und das Segel innen.

WISSENSWERTES

Nachdem Sie mit Ihren Kindern die Figuren in diesem Buch nachgefaltet haben, ist vielleicht auch bei Ihnen das Origami-Fieber ausgebrochen. Wer sich intensiver mit diesem interessanten Hobby beschäftigen möchte, könnte sich an folgende Adresse wenden:

Origami Deutschland e.V.
Verein zur Förderung des Papierfaltens
Postfach 1237
68537 Heddersheim
www.papierfalten.de

Viele Volkshochschulen bieten Origami-Kurse an, in manchen Städten gibt es auch einen Origami-Verein oder eine deutsch-japanische Gesellschaft. Dort kann man Kontakt zu anderen Origami-Fans knüpfen, Wissen und Faltanleitungen austauschen und sich bei kniffligen Figuren gegenseitig helfen.

Das Internet ist eine unerschöpfliche Quelle für Faltanleitungen, Tipps und Bezugsquellen. Geben Sie einmal das Wort „Origami" in Ihre Suchmaschine ein, und Sie werden hunderte von Treffern erzielen. Da international dieselben Symbole verwendet und viele Faltanleitungen durch Zeichnungen veranschaulicht werden, stellen selbst Sprachbarrieren kein ernsthaftes Hindernis dar.

Origami-Papier kann man in gut sortierten Bastel- und Papiergeschäften kaufen, auch Fachgeschäfte für Künstlerbedarf bieten meist eine schöne Auswahl an Papieren an. Wer mit Kindern falten möchte, sollte sich nach größeren Papierformaten umsehen, denn der Umgang mit dem Standardformat 15 x 15 cm ist für kleine Kinderfinger vielleicht anfangs etwas zu schwierig.
Natürlich eignen sich auch viele andere Papierarten für Origami. Wichtig ist allerdings, es exakt quadratisch (oder in Einzelfällen rechteckig) zuzuschneiden, damit die fertigen Figuren wirklich sauber und akkurat ausfallen. Probieren Sie aus, was Ihnen gefällt: farbiges Druckerpapier, Geschenkpapier, Zeitung mit japanischen oder anderen exotisch aussehenden Schriftzeichen – die Bandbreite ist groß.
Selbst dünnere Papiertapeten eignen sich für Origami und sind für Kinderhände recht praktisch, weil sie nicht so leicht reißen. Allerdings sollten Sie dann Quadrate von mindestens 25 x 25 cm zuschneiden. Vlies- und Vinyltapeten sind zu steif und darum ungeeignet.

Im traditionellen Origami wird das Papier weder geschnitten noch geklebt, doch bei den Figuren für Kinder, die in diesem Buch gezeigt werden, sind solche Hilfsmittel gelegentlich erlaubt.

Mari Ono ist Expertin für Origami und andere Kunsthandwerkstechniken mit Papier. Sie wurde in Japan geboren, lebt aber seit vielen Jahren in England, wo sie sich zusammen mit ihrem Ehemann Takumasa für die Förderung von Kunst und Kunsthandwerk aus Japan einsetzt. Mari Ono hat mehrere Bücher über Origami veröffentlicht.

Roshin Ono kam im Alter von 7 Jahren mit seiner Mutter, der Grafikdesignerin Mari Ono, und seinem Vater, einem Künstler, nach England. Jetzt ist er 13 Jahre alt. Er hat bereits an vielen Veranstaltungen teilgenommen, auf denen der westlichen Welt die japanische Kultur präsentiert wurde, und zahlreichen Kindern gezeigt, wie man schöne Origami-Figuren faltet.

REGISTER

DANK

Ohne die großzügige Hilfe von Familie, Freunden und vielen anderen hätte dieses Buch nicht entstehen können.

Besonderen Dank sage ich Cindy Richards, Robin Gurdon, Sally Powell und Pete Jorgensen von Cico Books; Debbie Patterson und Carolyn Barber für die Fotos; Claire Legemah für das Layout sowie allen anderen, die an der Produktion mitgewirkt haben.

Vielen Dank an Herrn Yukio Taguchi von Showa Grimm Co.,Ltd. in Japan für seine engagierte Mithilfe; an Yoko Moon und ihre Kinder für den Einsatz als Fotomodelle; an Ben Rogers für das Korrektorat, und schließlich an meinen Sohn Roshin für das Ausprobieren aller Faltfiguren, für die Übersetzung meines Entwurfs und all seine Unterstützung.

Außerdem danke ich den Lesern dieses Buches für ihr Interesse am Origami und der japanischen Kultur.

Herzlichen Dank schließlich an die Origami-Künstler und Kreativen, die ihre Zustimmung zur Verwendung ihrer Arbeiten für dieses Buch gegeben haben: Dokuhotei Nakano: 26, 28, 66, 74, und Isamu Asahi: 70, 73, 76, 80, 83, 86